Mila van Kirsche

Abenteuer Reihe Band 4

Vivi & Sam unterwegs

Dieses Buch gehört:

<u>Find me online</u>:

mila_kirsche@web.de
https://milakirsche.wixsite.com/vivifee
Twitter: twitter.com/MilaVanKirsche
TikTok: @milavankirsche
Facebook: Mila Kirsche
Facebook: Basteln mit Mila van Kirsche

Mila van Kirsche

Vivi & Sam unterwegs

Sam war zu neugierig

Band 4

Vorwort

Im Feendorf besuchen die jungen Feen die Zauberschule.

Dort lernen sie verschiedene Arten von Zaubersprüchen und die richtige Anwendung von Kräutern und Tänzen, mit denen sie ganz viele tolle Sachen herzaubern und auch verzaubern können.

Das Eulchen Sam hatte nach ihrem Zauberausflug die Neugier gepackt.

Er wüsste auch gerne, was die Feen in ihrer Schule so lernen.

Doch leider dürfen nur Feen in die Zauberschule.

So versucht Sam sich heimlich einzuschleichen.

Wird er entdeckt?

Und was passiert, wenn er die Feen in der Zauberschule erschreckt?

Das erfahren wir nun in dieser Geschichte über Vivi & Sam.

Schaut rein und lasst euch verzaubern.

Die Zauberschule

Es gibt ganz viele Arten von Zaubersprüchen.
Einen davon hatte Vivi schon versucht, ihrem Eulenkumpel Sam zu
demonstrieren.

Das war der Schmetterlingszauber.

Doch bei dem Spruch kamen statt Schmetterlingen ein Rudel Raupen
raus, die Vivi und Sam dann vor den Raubvögeln am Berg retten
mussten.

Die Raupen leben nun vor Vivi´s Haus.

Vivi und Sam sehen oft nach ihnen.

Die kleinen fressen den ganzen Tag Blätter, die an den Bäumen hinter ihrem Haus wachsen und dann schlafen sie ganz lange.

Das brauchen sie, um sich dann, wenn sie bereit sind, verpuppen und zu wunderschönen großen Schmetterlingen werden zu können.

Vivi hat ihrer Zauberlehrerin Tekra erzählt, wie der Zauberspruch gelaufen ist und auch was dabei raus gekommen ist.

Tekra hat gelacht und gesagt: "Es ist noch kein Meister vom Himmel gefallen, liebe Vivi. Wir werden es noch schaffen, dass der Zauberspruch auch eines Tages bei dir klappt".

Vivi freute sich. Ihre Lehrerin ist immer so optimistisch.

Jede Fee lernt mit ihrer ganz eigenen Geschwindigkeit. Und jede Fee darf sich ausprobieren und dabei auch mal einen Fehler machen.

Das ist auch gut so, denn sonst würde man auch nichts lernen.

"Aus Fehlern lernt man oft am besten," sagt sie immer.

Tekra unterrichtet die gesamte Klasse in verschiedenen Zauberkünsten.

Letzte Woche waren die Zaubersprüche mit Kräutern dran.

Diese Woche wollte sie die Zaubersprüche mit Tänzen lehren.

Diese Zauber funktionieren nur, wenn man die Sprüche aufsagt und dazu tanzt.

Dies muss in spezieller Reihenfolge gemacht werden, sonst wird das nichts.

Sam ist ganz begeistert von den Erzählungen der kleinen Fee.

"Darf ich das nächste Mal dabei sein?"

"Ach Sam", sagte Vivi, "die Zauberschule ist nur für Feen gedacht. Leider kann ich dich nicht in das Klassenzimmer mitnehmen." beteuerte sie.

"Aber wieso nicht?", bohrte Sam nach, "ich setze mich ganz nach hinten und schaue zu? Ich bin auch ganz leise", versprach er.

"Nein mein liebes Eulchen, das geht leider nicht", Vivi versuchte es Sam zu erklären. "Die Feen sind es nicht gewohnt, dass eine Eule bei ihnen im Dorf ist und schon gar nicht in der Zauberschule. Du bist im Dorf immer herzlich willkommen, jedoch ist die Zauberschule wirklich nur für Feen. Überall anders, können wir alles gemeinsam machen."

"Und wenn ich mich leise hinein schleiche?"

"Sam, du bist eine große Eule, du fällst ja trotzdem auf, auch wenn du dich hinein schleichst", lachte Vivi.

"Du bist nunmal nicht unsichtbar."

"Gibt es dafür nicht auch einen Zauberspruch?", grinste Sam.

Vivi lachte: "Ja, den gibt es sogar, doch den habe ich noch nicht gelernt", grinste Vivi zurück.

"Nun muss ich aber Sam", Vivi stand von ihrem gemütlichen Platz auf.

"Ich muss in die Schule, der Unterricht beginnt gleich."

"Ok Vivi, dann sehen wir uns später", sagte Sam.

Sam gab sich nur widerwillig damit zufrieden, dass er auf seine Feenfreundin warten musste.

Es musste doch eine Möglichkeit geben, sich dass einmal anzusehen.

Er überlegte...

Vivi ging schnell. Sie war schon so weit entfernt, dass man sie nicht mehr richtig sehen konnte.

Die Zauberschule ist ja nicht klein.

´Wenn ich mich da rein schleiche´ - dachte sich Sam ´und leise zwischen den Klassenzimmern, in den Gängen bewege, dann sieht mich auch keiner´.

´Sie haben Gänge und sind nicht überall unterwegs... das wird klappen, ich werde mich heute hineinschleichen. Dann sehe ich den Tanzzauber, über den Vivi schon tagelang redet´, beschloss Sam und machte sich auf den Weg in die Zauberschule.

Vorbereitung in der Zauberklasse

"Alle aufgepasst", sagte Tekra vor der versammelten Zauberklasse.

"Heute werden wir einen Tanzzauber versuchen, seid ihr alle konzentriert?", grinste sie.

"Aber ja!", meldete sich die Klasse einstimmig.

"Seid ihr auch sicher?", fragte sie nochmal.

"Aber ja!", meldete sich die Klasse einstimmig und noch ein bisschen lauter.

Vivi mag zwar die Kräuterzauber am liebsten, doch sie freute sich trotzdem darauf, gemeinsam diesen neuen Spruch auszuprobieren.

Ihre Zauberlehrerin machte alles bereit.

"Ab mit den Tischen an die Wand", grinste sie der Klasse zu.

Die Feen standen auf und schoben ihre Schreibtische und ihre Sessel Richtung Wand.

Auch Tekra schob ihren Lehrertisch Richtung Tafel.

Die Tafel hing direkt hinter ihrem Tisch an der Wand.

"Lass den großen Schmetterling steigen", war dort in Großbuchstaben zu lesen.

Mit dem Kräuterzauber kann man Schmetterlinge herbei zaubern, mit dem Tanzzauber kann man einen ganz großen herbei zaubern.

So hatte es die Zauberlehrerin erklärt.

Auf dem großen Schmetterling könnte man sogar durch die Lüfte fliegen, deshalb brauchen sie auch so viel Platz im Klassenzimmer.

"Wir haben genug Platz, liebe Feen. Wir könnten nun mit dem Tanz starten."

Grinsen machte sich im Gesicht von Tekra breit. Auch ihre Schüler
und Schülerinnen lächelten voller Vorfreude.

"Ihr kennt alle den Ablauf? Und ihr geht den bitte noch einmal in
Gedanken durch, meine Lieben", gab die Zauberlehrerin vor.

Die Feen dachten nun alle an den Tanz und den Spruch und sahen
dabei konzentriert zu Boden.

Sam schleicht sich ein

Derweilen sich die Zauberklasse von Vivi auf ihren Spruch
vorbereitete, fand Sam einen Weg in die Zauberschule.

Sam wartete darauf, dass alle Schüler in ihre Klassenzimmer gerufen
wurden und die letzten Zauberlehrer dann ebenfalls von den Gängen
in ihre Räume verschwanden.

Sam wusste, wo in etwa Vivi´s Klassenzimmer lag, so ging er ganz
schnell und so leise wie er konnte durch die Eingangstür in ihre
Richtung.

Sam konnte sich, obwohl er eine große Schneeeule war, sehr klein
und unscheinbar machen.

Die Türen der Klassenzimmer standen teilweise offen, halboffen oder
hatten große Fenster eingebaut.

`Da sehe ich in jedem Fall den Zauberspruch´, freute er sich,
während er leise durch die Türen lugte.

´Ich müsste doch schon in der Nähe sein...´

Er schlich noch immer unentdeckt durch die Gänge.

Vorsichtig sah er durch die nächste, halb offen stehende
Klassenzimmer Tür.

Da war sie!

´Juhu, ich habe sie gefunden!´, er grinste und versuchte trotz seiner
Vorfreude noch immer äußerst still zu sein.

´Psst Sam´, sagte er zu sich selbst, ´ganz leise sein, dass du kein
Aufsehen erregst.´

Er beobachtete, wie sich die Feen in einem Kreis aufstellten.

Sein Blick ging zu seiner Feen Freundin Vivi. Aus dieser Blickrichtung sah er sie sehr gut.

Ein paar andere Feen hatte er auch noch gut im Blick, aber um mehr zu sehen, müsste er sich weiter nach vorne lehnen und dann werde er wahrscheinlich entdeckt.

So blieb er in seiner Position, denn er konnte, seiner Meinung nach,
auch das Wichtigste sehen.

Er sah auch gut zu der Mitte des Kreises, den die Feen gemacht
hatten.

Die Eule war ganz nervös.

Was zaubert die Feenklasse herbei? Klappt der Spruch heute? Sind
alle konzentriert?

Vivi erzählte, sie müssten alle die richtigen Schritte mit dem richtigen
Spruch zur selben Zeit aufsagen, sonst klappt es nicht.

"Los geht´s", hörte er die Zauberlehrerin sagen.

"Fangt mit den ersten Schritten an und vergesst nicht, den Spruch
richtig und gleichzeitig zu sagen".

´Es geht los!´

Oh, was ist denn das?

Der Zaubertanz begann damit, dass die Feen einen Schritt nach vorne machten und sich dann einen Schritt zur Seite bewegten. Ein Schritt nach links und ein Schritt nach rechts.

Sie waren alle perfekt im Rhythmus. Jeder der Klasse drehte sich einmal im Kreis und dann bewegten sie sich wieder zurück, fast auf den Ausgangspunkt des Zauberspruches.

Dort stampften sie zweimal auf.

"Schwebekünste der Herbstblätter in der Luft,

wie auch die Sommerblumen mit ihrem knallenden Duft,

wir fragen die Wesen der Natur,

nach einem von euch, das bei uns nun erscheinen mag."

Jetzt drehten sich die Feen noch einmal um sich selbst und gingen danach zwei Schritte nach vorne in den Kreis.

Dann hielten sie sich bei den Händen und wiederholten den Spruch.

"Schwebekünste der Herbstblätter in der Luft,

wie auch die Sommerblumen mit ihrem knallenden Duft,

wir fragen die Wesen der Natur,

nach einem von euch, das bei uns nun erscheinen mag."

Dann hüpften sie zurück.

Derweil sah Sam so gespannt zu, dass ihm nicht auffiel, wie sich die Tür des geschlossenen Klassenzimmers neben ihm öffnete.

Er war fast hypnotisiert von den Geschehnissen in Vivi´s Klasse und er hoffte so darauf, dass der Zauberspruch auch funktioniert.

Die Feen in ihrem Kreis, ließen ihre Hände los und sprachen - es hörte sich fast wie ein lieblicher Gesang an - weiter:

"Erscheinen soll der große Schmetterling,

er soll sich bei uns einfinden, in unseren Feenring.

Wir freuen uns ihn zu begrüßen und

er wird sich bei uns fühlen,

wie bei sich zu Hause, wo tausend schöne Blumen auf den Wiesen blühen."

Dann nahmen sie sich noch einmal an den Händen und hüpften gemeinsam im Kreis.

Sie ließen los, drehten sich noch einmal um sich selbst und nahmen sich erneut bei den Händen.

´Wie es aussieht, kommen sie zum Schluss des Zaubers´, dachte Sam.

Die Feen fingen ihren zweiten Spruch noch einmal an:

"Erscheinen soll der große Schmetterling,

er soll sich bei uns einfinden, in unseren Feenring.

Wir freuen uns..."

Plötzlich ein lauter Schrei hinter Sam.

"WAAAH!"

Sam schrak hoch und drehte sich um.

Eine Fee kam aus dem anderen Klassenzimmer, sah die Eule und schrie los...

"Oh mein Gott, ein Raubvogel!", rief die verschreckte Fee und lief den Gang entlang davon.

Die Feen in Vivi´s Klasse sahen Sam nun auch, erschraken und ließen ihre Hände los.

Sam sah aufgeschreckt in die Klasse und dann wieder hinter sich.

"Oh mein Gott!", riefen die Feen aus der Klasse.

Ihre Zauberlehrerin erkannte Sam und wollte gerade versuchen einzulenken, da erschien in der Mitte des Kreises eine schwarze Wolke.

Tekra wich die zwei Schritte wieder zurück, die sie erst nach vorne machte, um die Klasse zu beruhigen.

Nun sahen alle auf diese Wolke, die sich in der Mitte des Kreises bewegte und langsam größer und größer wurde.

"Was ist das?", fragte eine der Schülerinnen.

"Bleibt zurück", sagte Tekra in befehlendem Tonfall. "Der große Schmetterling kommt nicht in einer schwarzen Wolke."

Sam erstarrte regelrecht. War das jetzt seine Schuld?

Er hatte die Feen erschreckt, was passiert da nun?

Tekra war noch dabei, ihre Schüler von der Wolke fernzuhalten, da fing diese an Gestalt an zu nehmen.

"Sieh doch!", rief Vivi.

Man erkannte erst einen und dann den zweiten Flügel.

Es sah kurz aus, als würde sich hier ein Schmetterling bilden, jedoch passte der Körper nicht zu einem Schmetterling.

Er bekam einen immer längeren Körper und unterhalb bildete sich noch etwas...

Wie ein langer Schwanz, sah es aus.

"Sofort alle aus der Klasse!", kreischte Tekra. Ihre Stimme klang nun richtig Besorgnis erregend.

"Was ist denn das?", rief Vivi´s Banknachbarin.

"Das ist eine Schattenschlange, ich muss zusehen, dass sie sofort wieder verschwindet!", gellte Tekra.

Nun hatte sich die Schattenschlange auch gänzlich aus der Wolke erhoben.

Sie sah furchterregend aus und so wie Vivi´s Zauberlehrerin reagierte, war sie auch kein freundliches Wesen.

Die Schlange schlug mit ihren Flügeln und züngelte. Sie sah sich in der Runde der Feen um und flog los.

Genau in Richtung der Feenschüler, die wie gebannt an der Wand standen und das Wesen anstarrten.

Jetzt erhob sich Sam aus seiner Starre.

Er breitete seine Flügel aus und machte mit dem Schwung des Flügelschlags einen Satz vor die Feen.

Die Schattenschlange prallte auf Sam und seine gespreizten Flügel.

"Schnell lauft raus!", befahl er.

Das Wesen hob den Kopf, sah die Feen davon laufen und kreischte auf.

Wie es schien, wollte es die Schüler verfolgen.

"Sam!", schrie Tekra.

"Hilf den Feen!", sie war etwas außer sich. "Pass auf, dass die Schattenschlange die Feen nicht erreicht".

Diese machte sich auf den Weg nach draußen.

Ein Flügelschlag und schon stand sie in der Tür des Klassenzimmers.

Sam erhob ebenfalls seine Flügel und flog hinterher.

Die Feen der Zauberklasse waren schon fast am Ausgang der Schule angekommen.

Sie liefen schnell, aber die Schlange war schneller.

Mit einem Satz stellte sie sich vor die Türen des Ausganges und züngelte in Richtung der Feen.

Die Zauberschüler bremsten ihren Sprint ab und erstarrten vor dem Schattenwesen.

Sam konnte im letzten Moment zwischen seinen Schützlingen und der Schlange landen, um sie abzuwehren.

Der züngelnde Kopf des Wesens traf noch einmal nur Sams Rücken und Flügel und prallte schnaubend zurück.

Die Schlange kreischte abermals vor Wut.

"Was sollen wir jetzt tun?", Vivi war verzweifelt.

"Lauft zurück zu eurer Zauberlehrerin, sie weiß wie man das Wesen wieder weg zaubert", rief Sam Vivi und den restlichen Schülern vor sich zu.

Diese machten auch augenblicklich Kehrt und liefen den Gang
Richtung Klassenzimmer zurück.

Die Schattenschlange versuchte einstweilen an Sam´s großen
Flügeln vorbei zu kommen.

Sam hatte sie ganz

noch immer weit

ausgebreitet, um so viel

Hindernis wie möglich

bieten zu können.

Im Gang erschall Tekra´s Stimme: "Sam! Lass die Schlange los, ich weiß wie ich sie wieder weg zaubern kann!"

"Die Feen sind aber unterwegs zu dir!", rief Sam zurück.

"Ich sehe sie schon! Keine Angst, die Schlange wird uns nicht erwischen!"

So klappte Sam seine Flügel ein und das Schattenwesen sprang an Sam vorbei und flog den Feen hinterher.

Tekra winkte ihre Schüler in das Klassenzimmer.

"Ich werde eure Hilfe brauchen!", erklärte sie rasch.

"Meine lieben Schüler, wir haben nur ganz kurz Zeit! Stellt euch ganz hinten an die Wand und nehmt euch an den Händen", befahl sie.

Vivi und die Zauberfeen machten, wie ihnen aufgetragen wurde. Sie liefen zur Wand und nahmen sich an den Händen.

"Wenn ich anfange zu sprechen, sprecht mir alles nach!"

"Machen wir!", riefen die Schüler.

Vor dem Klassenzimmer waren schon Flügelschläge und das gruselige Kreischen zu vernehmen.

"Sie ist da!", wimmerte eine der Feen.

"Alles wird gut", versuchte Vivi zu beruhigen. "Wir sprechen alles laut nach und dann verschwindet dieser Schatten wieder dorthin, wo er hergekommen ist", versprach sie.

Geh zurück, wo du hergekommen bist

Die Schattenschlange hat den Eingang des Klassenzimmers erreicht.

Sie sah sich züngelnd um.

Alle Feen standen aufgereiht an der Wand, sich an den Händen haltend.

Ängstlich erwiderten sie den Blick des Wesens.

Derweil landete auch Sam hinter der Schattenschlange.

"Nicht´s tun", sah die Klassenlehrerin Sam mit durchdringenden Blick an.

"Verhalte dich ruhig.", sagte sie.

Sam zog seine Flügel vorerst zusammen und starrte die Schlange an.

´Eine falsche Bewegung, dann hab ich dich´, dachte er sich und sprach sich immer weiter Mut zu.

Tekra trat entschlossen zwei Schritte auf die Schlange zu.

So stand sie nun zwischen den Feen an der Wand und dem Wesen in der Tür.

Es züngelte und starrte sie mit ihren schwarzen Augen an.

"Du musst wieder zurück, Wesen!", schrie sie die Schlange an.

"Du musst wieder zurück, Wesen!", wiederholten die Schüler an der Wand.

"Wir wollten dich nicht rufen, nun geh zurück in deine Welt durch das Portal, das wir schufen!"

Tekra schwang ein Büschel Kräuter hin und her, bevor sie es der Schlange direkt an den Kopf warf.

Die Klasse wiederholte ihre Worte laut und mit einem eindrucksvollen Tonfall.

Tekra´s Kräuter verpufften mit einem leisen "schschsch" auf dem Kopf des Wesens.

Es zischte und züngelte.

Dann bildete sich schwarzer Rauch rund um ihren Kopf.

Bald sah man ihre gespenstischen schwarzen Augen nicht mehr.

Der Rauch wurde immer mehr und stieg bis zu ihrem riesigen Schlangenschwanz hinab.

Er umhüllte nun auch die Flügel des Wesens und in kurzer Zeit sah man nur noch eine große schwarze Wolke.

Sam und die Zauberfeen starrten gebannt auf das Spektakel.

Die Schattenschlange wurde von der schwarzen Wolke verschlungen.

Ein Zischen war noch zu hören, bevor auch die schwarze Wolke immer kleiner wurde und dann ganz verschwand.

Sie hatten es geschafft...

Das Unheil war gebannt.

Sam bekommt eine Rüge

Vivi und ihre Klassenkameraden wurden vor die Tür des Klassenzimmers geschickt.

"Alle raus, außer Sam. Du bleibst hier", befahl Tekra in einem sehr, sehr strengen Tonfall.

Sam senkte beschämt den Kopf.

Er wusste, was jetzt folgt und er hatte direkt etwas Angst davor.

Natürlich weniger, als vor der Schattenschlange, doch Tekras Augen schienen gerade auch sehr wütend.

"Was hast du dir dabei gedacht?", begann sie ihre Rüge.

"Ähm...", meinte Sam.

"Du kannst dich nicht einfach in die Schule schleichen, ich habe dir doch schon einmal gesagt, dass dies schief gehen kann.", sie war sehr verärgert.

"Ähm..", meinte Sam nochmal.

Er wusst ja nicht, WIE schief die Zauberlehrerin damit meinte...

"Du und Vivi müsst dringend auf mich hören. Ich weiß doch von was ich spreche, Kinder, das hätte noch schlimmer ausgehen können, weißt du das?", fragte sie.

"Ja, und es tut mir so leid...", murmelte Sam eine Entschuldigung, ohne Tekra in die Augen zu sehen.

Er hatte nach wie vor den Kopf gesenkt und den Blick Richtung Boden.

"Es können noch ganz andere Wesen ihren Weg zu uns finden, wenn wir hier nicht konzentriert sind, Sam. Du hast die Feen so erschreckt, dass sie unbewusst eine Schattenschlange herbei gezaubert haben."

"Aber der Spruch war doch für einen Schmetterling gedacht?", versuchte Sam sich irgendwie in das Gespräch einzubringen und zu beschwichtigen.

Doch Tekra ließ sich nicht beschwichtigen.

"Das ist richtig Sam", schnauzte sie weiter. "Hättest du die Klasse nicht erschreckt, wäre auch der Schmetterling gekommen. Jedoch der Schreck, den du ihnen eingeflößt hast, hat sich auf den Spruch übertragen. So wurde aus dem Schmetterling eine Schattenschlange. Und Schattenschlangen sind sehr gefährlich, Sam. Das siehst du wohl jetzt auch so, oder?"

Sam wusste nicht, ob er jetzt etwas sagen durfte, so blickte er weiter in den Boden und schwieg noch zur Sicherheit.

Tekra war noch immer sehr aufgebracht. Natürlich zurecht.

"Hast du sie nicht gesehen? Sie ist gefährlich und so viele andere Möglichkeiten von gefährlichen Wesen können mit so einem Versehen herbei gezaubert werden. Du weißt nun, was ich meinte?"

Er hob den Kopf und sah Tekra an.

"Ja, Tekra, nun weiß ich wieso du gesagt hast, ich darf hier niemanden ablenken."

"Genau Sam. Und nun halte dich daran! Ihr müsst wissen, wie wichtig dies ist, wenn wir zaubern wollen. Oder gar das Zaubern lernen wollen. Diese Feen müssen erst lernen, sich nicht ablenken zu lassen und ihre Ablenkung nicht in die Zaubersprüche einfließen zu lassen."

Darf Sam auch zaubern?

Die Tür des Klassenzimmers öffnete sich und Sam´s Feenfreundin streckte ihren Kopf herein.

"Vivi!", herrschte Tekra Richtung Klassentür.

Vivi ging nun ganz in das Klassenzimmer und schloss hinter sich die Tür.

"Du solltest doch draußen mit den anderen warten!"

"Ja, Tekra, entschuldige, aber ich wollte kurz etwas sagen…", meinte Vivi kleinlaut.

"Dann bitte!", schnauzte die Zauberlehrerin.

"Bitte sei nicht allzu streng zu Sam. Ich bin mir sicher, er hat nun verstanden, wieso…."

Tekra unterbrach die kleine Fee: "Ich bin mir auch sicher, dass er es verstanden hat. Nicht´s desto trotz hätte dies noch viel schlimmer ausgehen können. Deshalb vergesst bitte diesen Tag heute nicht."

Langsam verflog ihr Zorn und sie redete etwas ruhiger weiter.

"Nehmt die Zauberschule und meine Weisungen immer ernst von jetzt an, meine Lieben.", sagte sie streng und nachdrücklich.

"Ja natürlich Tekra. Es tut mir so leid," beteuerte Sam noch einmal.

Auch Vivi beteuerte: "Wir nehmen dich ernst, Tekra."

"Und eines muss noch gesagt werden Sam", sie sah die Eule ernst an und Sam senkte den Blick abermals Richtung Boden.

"Vielen Dank, dass du uns vor der Schlange beschützt hast."

Nun hob Sam ganz schnell den Kopf und blickte die Zauberlehrerin an. Ein klitzekleines Lächeln bildete sich auf ihrem Gesicht.

"Oh, ja, gerne..", stotterte er.

"Es wäre vielleicht noch ganz anders ausgegangen, wenn du die Schattenschlange nicht in Zaum gehalten hättest, bis ich meinen Spruch parat hatte."

Ein bisschen Freude gesellte sich zu Sam´s schlechten Gewissen.

Auch er lächelte ganz leicht.

In Vivi´s Gesicht erkannte man aufgehende Erleichterung.

"Deshalb lieber Sam", fuhr die Zauberlehrerin fort, "werden wir sehen, ob du nicht ab und an zu unseren Zauberrunden kommen kannst."

Nun fing Sam an, über das ganze Gesicht zu grinsen.

"Vielleicht sind Eulen ja sogar für den einen oder anderen Zauberspruch geeignet, wir werden sehen", grinste sie nun auch.

"Heißt das, Eulen können auch zaubern?", fragte Vivi neugierig.

"Eventuell, liebe Vivi. Wir hatten noch nie das Vergnügen, jedoch können wir es gerne ausprobieren", stellte sie fest und blickte Sam an. "Falls die Eule das möchte".

"Aber natürlich", Sam jauchzte fast.

"Das möchte ich allzu gerne ausprobieren".

Sam und Vivi freuten sich.

"Nun dann", sagte Tekra.

"Es war ein aufregendes Erlebnis für uns alle, denke ich", ihre Blicke gingen zwischen Sam und Vivi hin und her. "Ich denke, wir machen für heute Schluss."

Vivi und Sam nickten. "Das ist eine gute Idee…", murmelte Vivi.

Es war ein sehr außergewöhnliches Erlebnis.

"Gut, ich werde noch den Rest der Klasse nach Hause schicken und wir sehen uns morgen Vivi.", noch einmal blickte sie Sam mit strengen Augen an.

"Und dich! Dich sehe ich, sobald wir uns dies vereinbaren liebe Eule. Nicht vorher!"

"Nein, natürlich nicht. Ich halte mich ganz sicher dran.", beteuerte Sam noch einmal.

"Gut, dann wünsche ich euch einen schönen Nachmittag und kommt gut nach Hause."

Vivi und Sam spazierten zurück zu Vivi´s Dorf.

"Ach Sam, dies hätte wirklich schlimmer ausgehen können..."

Vivi sah ihren Eulenkumpel durchdringend an.

"Ja Vivi, ich weiß.", beteuerte Sam nun auch vor Vivi. "Nun weiß ich genau Bescheid und immerhin habe ich eine Einladung von Tekra bekommen. Bald darf ich mit euch zaubern"...

Das war wieder einmal ein spannendes Abenteuer mit unseren zwei Freunden. Wir freuen uns auf mehr. Bis bald in der Zauberwelt.